CATALOGUE
DES LIVRES

Qui se trouvent à Paris chez BABUTY fils, Libraire, Quai des Augustins, entre les rues Pavée & Gil-le-Cœur, à l'Étoile.

A.

ABRÉGÉ Chronologique de l'Histoire de France, par le Président Hénault, 2 vol. in-8. 10 liv.
—— De l'Histoire Universelle de M. de Thou, in-12. 10 vol. 30 liv.
—— De l'Histoire de France, par Mezeray, nouvelle édition augmentée des Remarques de M. Amelot de la Houssaye, 14 vol. in-12. 35 liv.
— La même, 4 vol. in-4. 36 liv.
—— De l'Histoire & de la morale de l'Ancien Testament, in-12. 2 liv. 10 s.
—— De la Cité mistyque de Dieu, par un Docteur de Sorbonne, in-12. 3 liv.
—— De l'Histoire des Plantes usuelles, par Chomel, 3 vol. in-12. 7 liv. 10 s.
Abrégé Méthodique de l'Histoire de France, avec la vie des Reines, & les portraits en taille douce des Rois jusqu'à Louis XV. Par Brianville. in-12. 2 liv. 10 s.
Alcorant (l') de Mahomet, par Du Ryer, 2 vol. in-12. 5 liv.
Ambassades de la Boderie en Angleterre, sous le Regne d'Henry IV. in-12. 5 vol. 15 liv.
Apocalypse de Bossuet, in-8. 7 liv.

A

Application de l'Algebre à la Géométrie, ou méthode de démontrer par l'Algebre les théorêmes de Géométrie, & d'en resoudre & construire tous les Problêmes, *par Guisnée, in-*4. 12 liv.

Analyse démontrée, ou la méthode de résoudre les problêmes des Mathématiques, & d'apprendre facilement ces Sciences, &c. Par le R. P. Regneau. 2 vol. *in-*4. 20 liv.

—— Des mesures, des rapports & des angles, ou réduction des intégrales aux logarithmes & aux arcles de cercles, par Walmesley, *in-*4. 12 liv.

Année Chrétienne du P. Croiset, 18 vol. *in-*12. 54 l.

—— Chrétienne de le Tourneux, 6 vol. *in-*12. 15 l.

Anti-Lucrece (l') du Cardinal Polignac, en latin, 2 vol. *in-*12. 3 liv. 10 s.

Arithmétique en sa perfection, *par le Gendre, in-*12. 2 liv. 10 s.

—— De Barême *in-*12. 2 liv. 10 s.

Art de dresser les formules de Médecine, *par Gaubius, in-*12. 3 liv.

Athalie, tragédie de Racine, *in-*12. 1 liv. 10 s.

Augustini Sancti Opuscula de Gratiâ, 3 vol. *in-*12. 7 liv. 10 s.

Avantures de Thélémaque fils d'Ulysse, 2 vol. *in-*12. 5 liv.

—— De Robinson Crusoë, 3 vol. *in-*12. 7 l. 10 s.

B.

*B*IBLIA *Sacra Vatabli, in-fol.* 2 vol. 30 liv.

Bibliothèque ancienne & moderne, *in-*12. 29 vol. 60 liv.

—— Choisie, *in-*12. 28 vol. 56 liv.

—— Angloise, *in-*12. 30 vol. 60 l.

—— Raisonnée, *in-*8. 3 vol. 9 liv.

—— Des Auteurs Ecclésiastiques, contenant l'Histoire de leur vie, le catalogue, la critique, la chronologie de leurs ouvrages, tant de ceux que nous avons, que de ceux qui se sont perdus, le sommaire de ce qu'ils contiennent, un jugement sur leur style & sur la Doctrine, & le dénombrement des différentes éditions de leurs Ouvrages, par M. l'Abbé *Dupin*, Docteur de Sorbonne, *in-*8 57 vol. 285 liv.

Brouërii Dissertatio de adorationibus Populorum veterum ac recentiorum, *in-*8. 6 liv.
Burnetius, de statu mortuorum & resurgentium, *in-*8. 6 liv.
—— *Ejusdem de Fide & officiis Christianorum*, *in-*8. 6 l.

C.

CLEVELAND, ou le Philosophe Anglois, *in-*12. 6 vol. 15 liv.
Code civil de 1667, *in-*24. 1 liv. 10 s.
—— Marchand de 1673, *in-*24, *sous presse*.
—— Criminel, *in-*24. 1 liv. 10 s.
—— De Louis XV. sur les donations, les insinuations & substitutions, *in-*24. 1 liv. 10 s.
—— Des Chasses, ou nouveau traité du droit de chasse, suivant la Jurisprudence de l'Ordonnance de 1669, 2 vol. *in-*12. 1753. 5 liv.
Comédies de Térence, traduites en François *par Madame Dacier*, *in-*12. 3 vol. 9 liv.
Conduite du Comte de Gallowet, *in-*12. 3 liv.
Conférences de l'Ordonnance des Eaux & Forets, par M. Galon, 2 vol. *in-*4. 18 liv.
—— Des Ordonnances de Louis XIV. *par Bornier*, 2 vol. *in-*4. 1755. 18 l.
—— Ecclésiastiques du Diocése de Lodève, 4 vol. *in-*12. 10 liv.
Confessions (les) de S. Augustin traduites par Dubois, *in-*8. 4 liv. 10 s.
Contes des Fées, *par Madame Daulnoy*, 4 vol. *in-*12. 9 l.
Corpus Juris Canonici, per regulas naturali ordine digestas, Autore *Gibert*, 3 vol. *in-fol.* 36 liv.
Cours de Chymie pour servir d'introduction à cette Science, par Nicolas le Fevre, cinquiéme édition, *in-*12. 5 vol. 12 liv.
Coutumes générales d'Artois, avec des Notes, *par M. Maillard*, *in-fol.* 18 liv.
Coutumier de Picardie, 2 vol. *in-fol.* 30 liv.
—— De Vermandois, 2 vol. *in-fol.* 30 liv.
Coutumier Général, ou corps des Coutumes générales & particuliéres de France, *par Richebourg*, 4 vol. *in-fol.* 110 liv.
Coutume de Paris par Ferriere, 2 vol. *in-*12. 5 liv.
Cymbalum mundi, ou Dialogues Satyriques sur différens sujets, *par Bonaventure des Perriers*, *in-*12. 2 l.

A ij

D.

DEFENSIO *Arnaldina*, *in*-8. 3 liv.
Description du Cap de Bonne-Espérance, 3 vol. *in*-12. 7 liv. 10 f.
Devoirs de l'Homme & du Citoyen, *par Barbeyrac*, 2 vol. *in*-12. 5 liv.
Dictionnaire abrégé de la fable, *par Chompré*, *in*-12. 2 liv. 10 f.
Dictionnaire de la Langue Françoise, *par Pierre Richelet*, 3 vol. *in-fol*. 72 liv.
—— De Droit & de Pratique concernant l'explication des termes de Droit, d'Ordonnances, de Coutume & de Pratique, *par de Ferriere*, *in*-4. 20 l.
—— Des Rimes, *par Richelet*, *in*-8. 7 liv.
—— Italien de Veneroni, 2 vol. *in*-4. 18 liv.
Dictionnaire historique & critique de Bayle, *in-fol*. 5 vol. 120 liv.
—— Portatif de la Langue Françoise, *par Richelet*, *in*-8. 5 liv.
—— Portatif des Conciles, *in*-8. 4 liv. 10 f.
—— Théologique portatif contenant l'exposition & les preuves de la révélation de tous les Dogmes de la Foi & de la Morale, les points de controverse, les hérésies, &c. *in*-8. 4 liv. 10 f.
Dictionnaire Universelle d'Agriculture & de Jardinage, de Fauconnerie, Chasse, Pêche, Cuisine & Manége, 2 vol. *in*-4. 18 liv.
Doctrina de administrando Sacramento Pœnitentiæ, *in*-8. 5 l.

E.

ELE'MENS de Géométrie, *par le P. Lamy*, *in*-12. 3 l.
—— De Mathématique ou traité de la grandeur, *par le P. Lamy*, *in*-12. 3 liv.
Entretiens mathématiques *du P. Renaud*, 3 vol. *in*-12. 7 liv. 10 f.
Entretiens physiques, *par le même*, 5 vol. *in* 12. 12 liv. 10 f.
Essai de Montaigne, avec les notes de M. Coste, 10 vol. *in*-12. 20 liv.
—— De Physique, *par Pierre Van Musschenbroeck*, avec une description de nouvelles sortes de ma-

chines pneumatiques, & un recueil d'expériences, trad. du Hollandois, *par Pierre Massuet*, 2 vol. *in-*4. 18 liv.
Essai Philosophique concernant l'Entendement humain, traduit de *Locke*, par M. *Coste*, 4 vol. *in-*12. 10 liv.
Essai (abrégé de l'.) de *Locke*, sur l'Entendement humain, *in-*12. 2 liv. 10 s.
Esther, tragédie de Racine, 1 liv. 10 s.
Etat de la Médecine ancienne & moderne, in-8. 3 l.
—— De la Suede, traduit de l'Anglois de *Robinson*, *in-*12. 2 liv. 10 s.
Explication de la Genese par *Foinard*, *in-*12. 3 liv.

F.

FABLES (les) *de la Fontaine*, *in-*12. 2 v. fig. 7 l.
Idem, grand *in-*12. 2 liv. 10 s.
Idem, 1 vol. *in-*12. petit format, 2 liv. 10 s.

G.

GEOGRAPHIE de *le François*, dédiée à mademoiselle de Crosat, *in-*12. 2 liv. 10 s.
Gradus ad Parnassum, *in-*8. 5 liv.
Grandeur (la) de Dieu dans les merveilles de la nature, par *Dulard*, *in-*12. 2 liv. 10 s.

H.

HENRICI *à Sancto Ignatio Appendix ad Theologiam moralem abbreviatam Sanctorum*, *in-*8. 2 vol. 9 liv.
Herminier (l') *Summa Theologiæ ad usum scholæ accommodata*. 7 vol. *in-*8. 24 liv.
Histoire civile du Royaume de Naples, *par Giannone in-*4. 4 vol. 60 liv.
—— critique des Pratiques superstitieuses, par le Brun, *in-*12. 4 vol. 10 liv.
—— De France sous les Regnes de S. Louis, de Philippe de Valois, du Roi Jean, de Charles V, & de Charles VI, par M. l'Abbé de choisy, 4 vol. *in-*12. 10 liv.
—— De France sous le Regne de Louis XIV, par *Reboulet*, 9 vol. *in-*12. 21 liv.
—— La même, 3 vol. *in-*4. 30 liv.

Histoire de France & Romaine, *par M. l'Abbé des Fontaines*, *in*-12. 2 vol. 6 liv.
—— De France, par Boſſuet, *in*-12. 4 vol. 10 liv.
—— De Gilblas de Santillane, *par M. le Sage*, *in*-12. 5 vol. 10 liv.
—— De la Découverte & de la Conquête du Méxique, *in*-12. 2 vol. 1760. 5 liv.
—— De la Decouverte & de la Conquête du Pérou, *in*-12. 2 vol. 1760. 5 liv.
Histoire de l'admirable Don Quichotte de la Manche, traduite de l'Eſpagnol de Micliel Cervante, 6 vol. *in*-12. 15 liv.
Suite de Don Quichotte, *de Cid Hamet Benegely*, 6 vol. *in*-12. 15 liv.
Histoire de l'Ancien Teſtament, avec des Réflexions, *par Mezenguy*, *in*-12. 10 vol. 30 liv.
—— De la Réformation des Pays-Bas, *par Brant*, *in*-12. 3 vol. 7 liv. 10 ſ.
—— De la Réformation de la Suiſſe, *par Buchat*, *in*-12. 3 vol. 7 liv. 10 ſ.
—— De l'Egliſe, *par M. l'Abbé de Choiſy*, 11 vol. *in*-4. 55 liv.
—— De l'Iſle de Ceylan, *in*-12. 2 liv. 10 ſ.
—— Des Conjurations, Conſpirations & Révolutions célebres de l'Univers, 8 vol. *in*-12. 20 liv.
—— Des Hommes Illuſtres de l'Ordre de S. Dominique, *par le P. Touron*, *in*-4. 6 vol. 60 liv.
—— Des Juifs *de Flavius Joſeph*, *in*-fol. figures. 60 l.
—— Des Plantes *par Bauhin*, *in*-12. 2 vol. fig. 5 liv.
—— Des Révolutions des Arabes, *in*-12. 4 vol. 10 l.
—— Des Révolutions de Gênes, depuis ſon établiſſement juſqu'à la concluſion de la paix en 1738. nouv. édition revûe, corrigée & augmentée par l'Auteur, 3 vol. *in*-12. 1752. 7 liv. 10 ſ.
—— Des Révolutions de la République Romaine, *par M. l'Abbé de Vertot*, 3 vol. *in*-12. 7 liv. 10 ſ.
—— Des Révolutions de Suede, par le même, 2 vol. *in*-12. 5 liv.
—— Des Révolutions de Portugal, par le même, *in*-12. 2 liv. 10 ſ.
—— De l'Ordre des Chevaliers de Malthe, par le même, *in*-12. 7 vol. 17 liv. 10 ſ.
—— La même, *in*-4. 4 vol. *fig.* 72 liv.

—La même, *in-*4. gr. papier 96 liv.
Histoire des Révolutions d'Angleterre, *par le P.*
  d'Orléans, 4 vol. *in-*12. 10 liv.
Histoire des Révolutions de France. *par la Hode*,
  *in-*12. 4 vol. 10 l.
—— Des Révolutions d'Espagne par le *P. d'Orléans*,
  5 vol. *in-*12. 12 liv. 10 f.
—— Des Guerres civiles de France, traduction nou-
  velle de l'Italien de *Davila*, avec des remarques
  critiques & historiques, *in-*4. 3 vol. 30 liv.
—— Des Ouvrages des Sçavans *par Basnage*, *in-*12.
  24 vol. 48 liv.
Histoire généalogique de la Maison Royale de
  France, & des Grands Officiers de la Couronne,
  9 vol. *in-fol.* 180 liv.
Histoire générale du douzième Siécle, *in-*12. 5 vol.
  12 liv. 10 f.
Histoire Littéraire de la France, 11 vol. *in-*4. 110 l.
Histoire militaire du Regne de Louis XIV., par *M.*
  de Quincy, 7 vol. *in-*4. grand papier, 150 liv.
Histoire du Cardinal Mazarin, *par Aubery*, 4 vol.
  *in-*12. 9 liv.
—— Du Droit public écclésiastique François, *in-*12.
  2 vol. 4 liv.
—— Du Paraguay, *par le P. Charlevoix*, 3 vol.
  *in-*4. 1756. 30 liv.
—La même, 6 vol. *in-*12. 15 liv.
Histoire du Prince Eugène de Savoye, 5 vol. *in-*12.
  12 liv. 10 f.
—— Du Regne de Louis XIII, *par le Vassor*, *in-*12.
  18 vol. 54 liv.
—— Du Traité de Vestphalie, *par le P. Bougeant*,
  6 vol. *in-*12. 15 liv.
—— Du Vicomte de Turenne, *par Raguenet*, *in-*12.
  2 liv. 10 f.

I.

IMITATION de N. S. J. C. traduite & para-
  phrasée en vers François, *par P. Corneille*, *in-*12.
  2 liv. 10 f.
Introduction à la vie dévote par S. François de
  Sales, *in-*32. 1 liv.
Introduction à la Pratique, 2 vol. *in-*12. 8 liv.

A iv

Inſtitutions au Droit François, *par Argout*, *in-12.*
2 vol. 6 liv.

Journal du Palais, ou Recueil des principales déciſions de tous les Parlemens & Cours Souveraines de France, *in-fol.* 2 vol. 40 liv.

—— Du voyage de Siam, par l'Abbé de Choiſy, *in-12.* 2 liv. 10 ſ.

Inſtitutiones Catholicæ in modum Catecheſeos, in quibus quidquid ad Religionis hiſtoriam, & Eccleſiæ dogmata, mores, Sacramenta, preces, uſus & ceremonias pertinet, totum id brevi compendio ex ſacris fontibus Scripturæ & Traditionis explanatur. Auctore Francisco Amato Pouget. *in-fol.* 2 vol. 60 liv.

Inſtruction ſur l'Hiſtoire de France & Romaine, par demandes & réponſes, *par M. le Ragois*, Précepteur de Monſeigneur le Duc du Maine, *in-12.*
2 liv. 10 ſ.

—— Pour les Jardins fruitiers & potagers, *par M. de la Quintinie*, 2 vol. *in-4.* 15 liv.

L.

L'AGRONOME, Dictionnaire portatif, contenant les connoiſſances néceſſaires pour gouverner les biens de Campagne, conſerver ſa ſanté, &c. *in-8.* 2 vol. 9 liv.

L'Alcoran de Mahomet, *par Duryer*, 2 vol. *in-12.* 5 l.

La Dévotion au Sacré-Cœur de N. S. J. C. où on a ajouté une pratique de dévotion pour honorer le Sacré-Cœur de la très-Sainte Vierge, & l'abrégé de la vie de Sœur Marguerite-Marie Alacocque, Religieuſe de la Viſitation de Sainte Marie, avec les offices de la Divine Providence & de la divine Miſéricorde, tirée de l'Ecriture Sainte, nouvelle édition 1757, *in-12.* 2 liv. 10 ſ.

La Henriade de Voltaire, 2 vol. *in-12.* 3 l. 10 ſ.

La Médecine & la Chirurgie des Pauvres, qui contiennent des remédes choiſis, faciles à préparer, & ſans dépenſe, *in-12.* 2 liv. 10 ſ.

La Princeſſe de Cleves, *in-12.* 2 liv. 10 ſ.

La Religion Chrétienne prouvée par l'accompliſſement des Prophéties de l'Ancien & du Nouveau Teſtament, *par le P. Baltus*, *in-4.* 7 liv. 10 ſ.

La vie de Saint François de Sales, *par Marsollier*, 2 vol. *in-*12. 5 liv.
La vie de Dom Jean Armand le Bouthillier de Rancé, Réformateur du Monastere de la Trappe, *par Marsollier*, 2 vol. *in-*12. 1758. 5 liv.
La vie de Mahomet, *par Duryer*, 3 vol. *in-*12. 7 liv. 10 f.
La vie de l'Abbé de Choisy, *in-*8. 3 liv.
La Science du Calcul des grandeurs en général, ou les élémens des Mathématiques, *par le P. Reyneau*, 2 vol. *in-*4. 20 liv.
Le Droit de la Nature & des Gens, *in-*4. 3 vol. 24 l.
L'Ecole du Monde en vingt-quatre Entretiens, *par M. le Noble*, 4 vol. *in-*12. 8 liv.
Le Maître Italien dans sa derniere perfection, où l'on trouve tout ce qui est le plus nécessaire, pour apprendre facilement & en peu de tems, la Langue Italienne, *par le Sieur Veneroni*, *in-*12. 2 liv. 10 f.
L'Esprit des Ordonnances de Louis XV. *par Sallé*. *in-*4. 10 liv.
Le Spectateur Anglois, ou le Socrate moderne, *in* 12. 7 vol. 17 liv. 10 f.
Le Style des Huissiers & Sergens, *in-*12. 3 liv.
Le vrai Philosophe, *in-*12. *sous presse*.
Les Hommes, *in-*12. 2 vol. 4 liv.
Les mille & un jour, Contes Péruviens, 5 vol. *sous presse*.
Les mille & une nuit, 6 vol. *in-*12. 12 liv.
Les mille & une heure, Contes Péruviens, *in-*12. 2 vol. 1759. 4 liv. 10 f.
Les Poësies d'Horace, traduites en François avec des remarques, & des dissertations critiques, *par le P. Sanadon*, 8 vol. *in-*12. 20 liv.
— Les mêmes, 3 vol. *in-*12. 7 liv. 10 f.
Le Pélerinage du Calvaire sur le Mont-Valerien, & les fruits qu'on doit retirer de cette dévotion, ouvrage utile à tous les Confreres de la Croix, & pour toutes les villes où il y a un Calvaire, *in-*18. 1 liv. 10 f.
Les Principes fondamentaux de la Religion, ou le Cathéchisme de l'âge mûr; méthode courte & à la pottée de tous les Fidéles qui n'ont point reçu d'autres instructions sur cette matiere que celles

de l'enfance, & qui désirent se rendre raison des motifs de leur Foi, *in-*12. 1760, 1 liv. 10 s.
Les Romans de Boursaut, 2 vol. *in-*12. 5 liv.
Les Vies des anciens Orateurs Grecs, avec des Réflexions sur leur éloquence, des notices de leurs Ecrits & des traductions de quelques-uns de leurs Discours, 2 vol. *in-*12. 1752, 5 liv.
Les Vies des Hommes Illustres, traduites du Grec de Plutarque, avec des notes historiques & critiques par *M. Dacier*, *in-*12. 14 vol. *sous presse.*
Les voyages de Cyrus, avec un discours sur la Mythologie par *M. de Ramsay*, 2 vol. *in-*12. 1753, 4 l.
Lettres Chrétiennes & Spirituelles de Varet, 3 vol. *in-*12. 7 liv. 10 s.
Lettres de S. Jérome, 3 vol. *in-*8. 15 liv.
Lettres Sérieuses & badines sur les ouvrages des Sçavans & sur d'autres matieres, 12 vol. *in-*12. 30 l.
Lettres de Simon le Critique 4 vol. *in-*12. 12 liv.
Lettres & Mémoires du Baron de Polnitz, 5 vol. *in-*12. 12 liv. 10 s.
Lettres nouvelles de feu *M. Boursaut*, avec les lettres de *Babet*, 3 vol. *in-*12. 7 liv. 10 s.
L'Oracle des Sybilles & la Roue de fortune, *in-*12. 2 liv. 10 s.

M.

MANUEL du Chrétien, contenant le nouveau Testament, le Pseautier, l'Imitation avec l'Ordinaire de la Messe, & les Oraisons de l'année, *in* 12. 2 liv. 10 s.
Mémoires de M. de Villars, *in-*12. 3 vol. 7 liv. 10 s.
Mémoires de Mademoiselle de Montpensier, 8 vol. *in-*12. 16 liv.
Mémoires de Maximilien de Béthune, Duc de Sully, mis en ordre, avec des remarques, par *L. D. L.* 3 vol. *in* 4. gr. papier, 45 liv.
— Les mêmes, 8 vol. *in-*12. 20 liv.
Mémoires de Philippe de Commines, 5 vol. *in-*8. 24 liv.
Mémoires du sieur de Pontis qui a servi dans les armées 56 ans, sous les Rois Henry IV. Louis XIII & Louis XIV; contenant plusieurs circons-

tances remarquables des guerres de la Cour, & du Gouvernement des Princes, 2 vol. *in-12.* 5 l.
Mémoires pour servir à l'Histoire de l'Europe depuis 1740 jusqu'à 1748, 4 vol. *in-12.* 8 liv.
Mémoires pour servir à l'Histoire de Louis XIV. par *Choisy, in-12.* 2 liv. 10 s.
Métamorphoses d'Ovide, traduites en François, par *M. l'Abbé Banier,* 3 vol. *in-12.* 7 liv. 10 s.
Modèles d'Eloquence, ou les traits brillants des Orateurs François les plus célèbres, *in-12.* 2 l. 10 s.

N.

NÉGOCIATIONS à la Cour de Rome & en différentes Cours d'Italie, par *M. Henry Arnaud Evêque d'Angers, in-12.* 5 vol. 15 liv.
Négociations de la paix de Munster & d'Osnabrug, 4 vol. *in-fol.* 60 liv.
Nouveau (le) parfait Maréchal, ou la connoissance générale & universelle du cheval, par *M. Garsaut, in-4.* 10 liv.
Nouvelle méthode pour apprendre facilement la Langue Grecque, par MM. de Port-Royal, *in-8.* 8 l.
Méthode Latine *de Port-Royal, in-8. sous presse.*
Nouvelles Observations microscopiques avec des découvertes intéressantes sur la composition & la décomposition des corps organisés, par *Needham, in-12.* figures, 4 liv.
Novitius, seu Dictionarium Latino-Gallicum Schreveliana methodo digestum, 2 vol. *in-4.* 18 liv.

O.

OEUVRES de Duplessis, sur la Coutume de Paris, 2 vol. *in-fol.* 40 liv.
—— De M. de Fontenelles, *in-12.* 10 vol. 30 liv.
—— De Madame Deshoulieres, 2 vol. *in-12.* 5 liv.
—— De Rablais, 5 vol. *in-8.* 15 liv.
—— De Pyron, nouvelle édition, avec fig. 3 vol. *in-12.* 9 liv.
—— De M. Jean Bacquet, 2 vol. *in-fol.* 30 liv.
—— De M. de S. Evremont, 12 vol. *in-12.* 24 liv.
Idem. grand in-12. 10 vol. 25 liv.
Œuvres de M. l'Abbé de Saint Réal, 8 vol. *in-12.* 18 l.

Œuvres de M. Barrême.

Les Comptes faits, ou tarif général de toutes les monnoies, tant anciennes que nouvelles, *in-12.* 2 liv. 10 f.

Idem, in-24. 1761. 1 liv. 10 f.

L'Arithmétique du Sieur Barrême, où le livre facile pour apprendre l'Arithmétique de soi-même & sans maître, *in-12.* 2 liv. 10 f.

Le Livre nécessaire, ou tarif général des intérêts, des exemples, des changes & des divisions, *in-12.* 2 liv. 10 f.

Œuvres de Brantome, *in-12.* 15 vol. *holl.* 33 l.

—— De Despeisses, *in-fol.* 3 vol. 50 liv.

—— De Gresset, 2 vol. *in-12.* 5 liv.

Œuvres choisis de Rousseau, *in-12.* 2 l.

—— De Madame de Villedieu, 12 vol. *in-12.* 30 l.

Œuvres De Regnier, *in-12.* 2 vol. 4 l.

—— De Renusson, contenant ses Traités de la Communauté, du Douaire, de la garde Noble & Bourgeoise, des Propres & de la Subrogation, nouv. Édition, augmentée de la nouvelle Jurisprudence, *in-fol.* 1760. 24 l.

Œuvres de M. Villethierry.

La vie de Jesus-Christ dans l'Eucharistie, *in-12.* 2 l. 10 f.

—— Des Gens mariés, *in-12.* 2 l. 10 f.

—— Des Veuves, *in-12.* 2 l. 10 f.

—— Des Vierges, *in-12.* 2 l. 10 f.

Œuvres de Virgile, de la traduction de M. l'Abbé Desfontaines, avec le Latin à côté, 4 v. *in-8.* 12 l.

—— Les mêmes 4 vol. *in-8.* grand papier avec fig. 48 l.

Œuvres de Voiture, 2 vol. *in-12.* 5 l.

—— Des SS. Peres qui ont vécu du tems des Apôtres, *in-12.* 2 l. 10 f.

—— Diverses de M. de la Fontaine, *in-12.* 4 v. 10 l.

—— Diverses de Patru, contenant ses plaidoyers, Harangues, Lettres, &c. 2 vol. *in-4.* 12 l.

Œuvres posthumes du P. Mabillon, 3 vol. *in-4.* 30 l.

Oraisons funebres de *Bossuet, in-12.* 2 l. 10 f.

—— De *Flechier, in-12.* 2 l. 10 f.

—— De *Mascaron, in-12.* 2 l. 10 f.

Ordonnances des Eaux & Forêts, *in-12.* 1753. 3 l.

P.

PARADIS perdu de Milton, 4 vol. *in*-12. 9 l.
Petavii Rationarium Temporum, 3 vol. *in*-12. 7 l. 10 f.
Phyſique occulte ou traité de la Baguette divina-
 toire, 2 vol. *in*-12.   4 l. 10 f.
Poëſies *du P. Mourgues*, *in*-12.   2 l. 10 f.
Praticien François *Par M. Lange*, 2 vol. *in*-4. 18 l.
Praticien univerſel, ou le Droit François, & la
 pratique de toutes les Juriſdictions du Royaume,
 par Couchot, 6 vol. *in*-12.   15 l.
Procès verbal des Ordonnances civiles & crimi-
 nelles, *in*-4.   9 l.

R.

RE'SOLUTION (de la) des Equations, *in*-4. *broc.* 3 l.
Recherches ſur les Courbes à doubles Courbures,
 par *M. Clairault*, *in*-4.   5 l. 10 f.
Recueil de Juriſprudence canonique & bénéficiale,
 par ordre alphabétique, *par M. de la Combe*, ſur
 les Mémoires de *M. Fuet*, *in-folio*.   24 l.
—— De Juriſprudence civile du Pays de droit écrit
 & coutumier *par M. Rouſſeau de la Combe*, *in*-4.
 1753,   12 l.
Supplément au Recueil de Juriſprudence civile
 pour l'édition de 1736, *brochure in*-4. 1 l. 16 f.
Recueil de pluſieurs Arrêts notables du Parlement
 de Paris, pris des mémoires de *M. Georges Louet*,
 contenant un grand nombre d'Arrêts & de déci-
 ſions recueillis par *M. Julien Brodeau*, nouvelle
 édition, revuë, corrigée & augmentée de nou-
 velles remarques *par M. Guy du Rouſſeau de la Combe*,
 2 vol. *in-folio*.   40 l.
—— Des Teſtaments politiques du Cardinal de
 Richelieu, de Charles de Lorraine, de MM. Col-
 bert & Louvois, *in*-12. 4 vol.   10 l.
Recueil par ordre alphabetique des principales queſ-
 tions de droit, qui ſe jugent diverſement dans les
 différens Tribunaux du Royaume, avec des ré-
 flexions pour concilier la diverſité de Juriſpru-
 dence & la rendre uniforme dans tous les Tribu-
 naux, *par M. Bretonnier*, nouvelle édition aug-
 mentée de nouvelles notes & additions par *M.*
 Boucher d'Argis, 2 vol. *in*-12.   5 l.

Reginaldus, de mente Concilii Tridentini, in-fol. 30 l.
Republique des Lettres, *par Bayle*, 56 vol. 90 l.
Rhéthorique ou l'art de parler, *par le P. Lamy*, nouvelle édition augmentée de nouvelles réflexions sur l'Art poëtique du même Auteur, *in-12.* 1757. 2 l. 10 f.
Roland l'amoureux, 2 vol. *in-12.* 5 l.

S.

Satyre Menippée, de la vertu du Catholicon d'Espagne, & de la tenüe des Etats de Paris, *in-8.* 3 vol. 12 liv.
Satyres de Perse & de Juvenal avec la Traduction du P. Tarteron, *in-12.* 2 l. 10 f.
Science parfaite des Notaires, *par M. Ferriere*, 2 vol. *in-4.* 18 l.
Sermon de Saurin, *in-12.* 12 vol. 30 l.
—— De Terrasson, 4 vol. *in-12.* 10 l.
—— De Pacault, 3 vol *in-12.* 7 l. 10 f.
—— De la Colombierre, 6 vol. *in-12.* 15 l.
—— De la Ruë, 4 vol. *in-8.* 12 l.
Spicilegium sive collectio veterum aliquot Scriptorum qui in Galliâ Bibliothecis dilituerant, olim editum opera & studio D. Lucæ Dachery ; nova editio priori accuratior, 3 vol. *in-fol.* 40 l.
Sujets de méditations pour tous les jours de l'année, 2 vol. *in-12.* 5 l.
Synopsis totius Doctrinæ Sacræ, ex veteri ac novo testamento ad verbum deprompta, cum brevibus notis ordine alphabetico ; ad usum Clericorum Sacrorumque Concionatorum, &c. in-8. sous presse.

T.

Théatre de Boursault, 3 vol. *in-12.* 7 l. 10 f.
—— De P. & Thomas Corneille, 12 vol. *in-12.* 30 l.
Idem, in-12. 19 vol. 1759. 38 l.
Théâtre de P. Corneille, 10 vol. séparément, 20 l.
—— De Moliere, 8 vol. *in-12.* 16 l.
—— De Crebillon, 3 vol. *in 12.* 6 l.
—— De Marivaux, 5 vol. *in-12.* 15 l.
—— De Racine 3 vol. *in-12.* 6 liv.

—— De Regnard, 4 vol. *in-12.* 8 L.
—— De Destouches, *in-12.* 10 vol. 20 l.
Traité de la Communauté entre mari & femme, *par le Brun, in-fol.* 1755. 16 l.
—— Des Successions, par le même, *in-fol.* 18 l.
—— De la Promotion physique, ou l'action de Dieu sur la Créature, *in-4.* 12 l.
—— De la puissance ecclésiastique & temporelle, par *Dupin, in-8.* 5 l.
Theologia Scholastica, autore *Antonio*, 7 vol. *in-12.* 15 l.
Théologie morale de Grenoble, 8 vol. *in-12.* 18 l.
Théologie Morale ou résolutions des cas de conscience sur la vertu de justice & d'équité, 3 vol. *in-12.* 9 liv.
Théorie & pratique des Sacremens, des censures, des monitoires & des irrégularités, 3 v. *in-12.* 9 l.
Traduction d'Horace, avec le latin à côté, & de courtes notes, par M. *le Batteux*, 2 vol. *in-12.* 5 l.
Traité des Donations par *Ricard*, 2 vol. *in-fol.* 40 l.
—— Des Excommunications, par *Dupin*, 2 vol. *in-12.* 6 l.
Traité des maladies des femmes grosses, & de celles qui sont accouchées, par *Moriceau*, 2 vol. *in-4.* 14 l.
Traité des matieres criminelles, suivant l'Ordonnance de 1670, par M. *de la Combe, in-4.* 12 liv.
Traité du Douaire par Renusson, *in-4.* 5 l.
—— Du Libre arbitre, par *Bossuet, in-12.* 2 l. 10 s.
—— De la connoissance de Dieu & de soi-même, par le même, *in-12.* 2 l. 10 s.
—— De l'Amour de Dieu, par le même, *in-12.* 2 l. 10 s.
—— Du vrai mérite de l'homme considéré dans tous les âges & dans toutes les conditions, &c. par M. *le Maître de Claville*, 2 vol. *in-12.* 4 l. 10 s.
Idem, 2 vol. petit format, 1761, 4 liv.

V.

VE'RITE' de la Religion Chrétienne par *Abbadie*, avec l'art de se connoître soi-même, 4 vol. *in-12.* 8 liv.
Voyages autour du monde, par *Gemelly Careri*, 6 vol. *in-12.* 18 l.

Z.

ZAYDE, histoire Espagnole, avec un traité de l'origine des Romans, par M. de Ségrais, 2 vol. in-12. 4 l. 10 f.

www.ingramcontent.com/pod-product-compliance
Lightning Source LLC
Chambersburg PA
CBHW071444060426
42450CB00009BA/2293